KLAUS STUTTMANN

Mein Merkelbilderbuch

Über 800 Zeichnungen aus über 30 Jahren

Schaltzeit Verlag

Warum ohne Worte?

Kann man sich überhaupt noch an Zeiten ohne Angela Merkel erinnern? 16 Jahre als Bundeskanzlerin sind eine so ewig lange Zeit, dass einem kaum mehr einfallen will, wer vor ihr im Kanzleramt residierte (und da eigentlich auch nicht wieder raus wollte). Und man spürt überall die Unsicherheit, die ihr Weggang auslöst, die Leere, die entsteht nach einem solchen Politik-Marathon. Und vor allem als Karikaturist muss ich mich fragen, möchte ich wirklich jemand Neues, jetzt wo wir uns so sehr aneinander gewöhnt haben, dass mir der Strich ihrer Silhouette sprichwörtlich auch im Schlaf gelingt.

Aber natürlich verlangt das Ende einer solchen Ära geradezu nach einem gebührenden Rückblick. Und natürlich am ehesten als satirisch-zeichnerische Zusammenstellung, denn das ist nun mal mein Metier und nur in Bildern ist eine so lange politische Wegstrecke halbwegs zu überblicken und nur mit Humor ist sie einigermaßen unbeschadet zu überstehen. Ein Merkel-Buch, das ihre gesamte politische Laufbahn umfasst, musste also her, koste es auch noch so viel Zeit wie es wolle!

Doch wie sollte ich das angehen? Wenn man nach Adjektiven für Merkels, wohlwollend gesagt, moderierenden Politikstil sucht, fallen einem wohl vor allem solche ein: hypersachlich, staubtrocken, blass, dröge! Profil- und kantenlos, inhaltsleer, stereotyp und einschläfernd. Das droht, in einem Buch auf die Dauer ein wenig eintönig zu werden. Doch dann sah ich zufällig einen TV-Beitrag mit ihr OHNE TON. Dabei wurde mir plötzlich bewusst, ihr Sprachduktus, ihre uninspirierte Satzmelodie sind es, was langweilt! Und das überdeckt und prägt alles andere. Eine sprachlose Merkel erschien mir paradoxerweise plötzlich ausgesprochen vielversprechend.

Deshalb machte ich mich daran, auf den beinahe 900 Zeichnungen, die ich seit 1990 von Angela Merkel gemacht habe, die Sprechblasen zu entfernen. Ihr sozusagen den Ton abzuschalten. Und siehe da, was für ein Wunder! Auf einmal entdeckt man eine riesige Vielfalt an ungeahnten Charakterzügen, unterschiedlichste Emotionen und einen Facettenreichtum an Gesichtsausdrücken und Körperhaltungen. Sie besitzt ein enormes Repertoire an schauspielerischen Fähigkeiten, kann ganz lieb sein, böse, grimmig, verheult, euphorisch, jammernd und zeternd. Deshalb konnte sie in meinen Zeichnungen auch so viele Rollen übernehmen: Punk, Halloweenmonster, Gruselclown, Katze, Diktator, Autokühlerfigur, indische Göttin oder Pippi Langstrumpf. Und sie rappelt sich hoch von der Putze zur mächtigsten Frau der Welt, vom Mädchen zur Mutti. Sie ist ein darstellerisches Multitalent, ein gestisches und mimisches Feuerwerk, und dabei bleibt sie immer authentisch.

Dem einen oder der anderen wird es vielleicht nicht schmecken, einer Bundeskanzlerin (a. D.) hier so den Mund zu verbieten, sie dermaßen zum Schweigen zu bringen. Ist das Zensur, wo bleibt da die Meinungsfreiheit? Es muss einfach sein, denn hier geht es auch um etwas Besonderes, um ein ungewöhnliches, meines Wissens bisher so noch nie angestelltes Experiment. Um den Versuch nämlich, gewissermaßen wissenschaftlich-dokumentarisch über eine längere Zeit die optischen und seelischen Veränderungen, Brüche und Falten in der Physiognomie einer politischen Persönlichkeit zu beobachten und mit den Mitteln der politischen Karikatur festzuhalten. Ohne Worte, beispielhaft an der Person Angela Merkels. Während eines Zeitraums von über 30 Jahren.

Nehmen Sie sich daher bitte viel Zeit (es müssen aber keine 30 Jahre sein!) und stellen Sie sich vor, mit viel Muße und Ruhe wie in einem Museum von Bild zu Bild zu wandeln, von einem Merkel-Porträt zum nächsten. Dabei werden Sie sich an vieles erinnern, vielleicht manches neu entdecken und sich über das eine oder andere noch einmal wundern.

Klaus Stuttmann

1990–1999

1990 +++ Nach der Wende wird Angela Merkel Pressesprecherin beim „Demokratischen Aufbruch“ +++ 18. März Volkskammerwahl: Lothar de Maizière Ministerpräsident der DDR, Merkel stellvertretende Regierungssprecherin +++ 3. Oktober Wiedervereinigung +++ Merkel wird CDU-Mitglied +++ 2. Dezember: Erste gesamtdeutsche Bundestagswahl +++ Merkel wird über Direktmandat auf Rügen Mitglied des Bundestages +++

1991 +++ Durch Kohls Förderung („Kohls Mädchen“) wird sie Ministerin für Frauen und Jugend +++ Wahl zur stellvertretenden CDU-Bundesvorsitzenden +++

1993 +++ CDU-Landesvorsitzende in Mecklenburg-Vorpommern +++

1994 +++ Bundestagswahl +++ Neue Kohl-Regierung +++ Merkel wird Bundesministerin für Umwelt, Naturschutz und Reaktorsicherheit +++

1998 +++ Bundestagswahl +++ Debakel für Kohl und CDU +++ Rot-Grüne Regierungskoalition +++ Schäuble neuer Parteivorsitzender +++ Merkel Generalsekretärin +++ Kohl Ehrenvorsitzender +++

1999 +++ Erfolge für CDU bei Landtagswahlen +++ Ende des Jahres Beginn des CDU-Spendenskandals +++ Kohl beruft sich auf sein Ehrenwort und verweigert die Aufklärung +++ Mit einem offenen Brief erreicht Merkel, dass die Partei sich von Kohl trennt +++ CDU stürzt dramatisch ab in den Umfragen +++ Regierungsumzug von Bonn nach Berlin +++

KEINE DURCHFAHRT FÜR CASTOREN!

AUTO-
INDUSTRIE

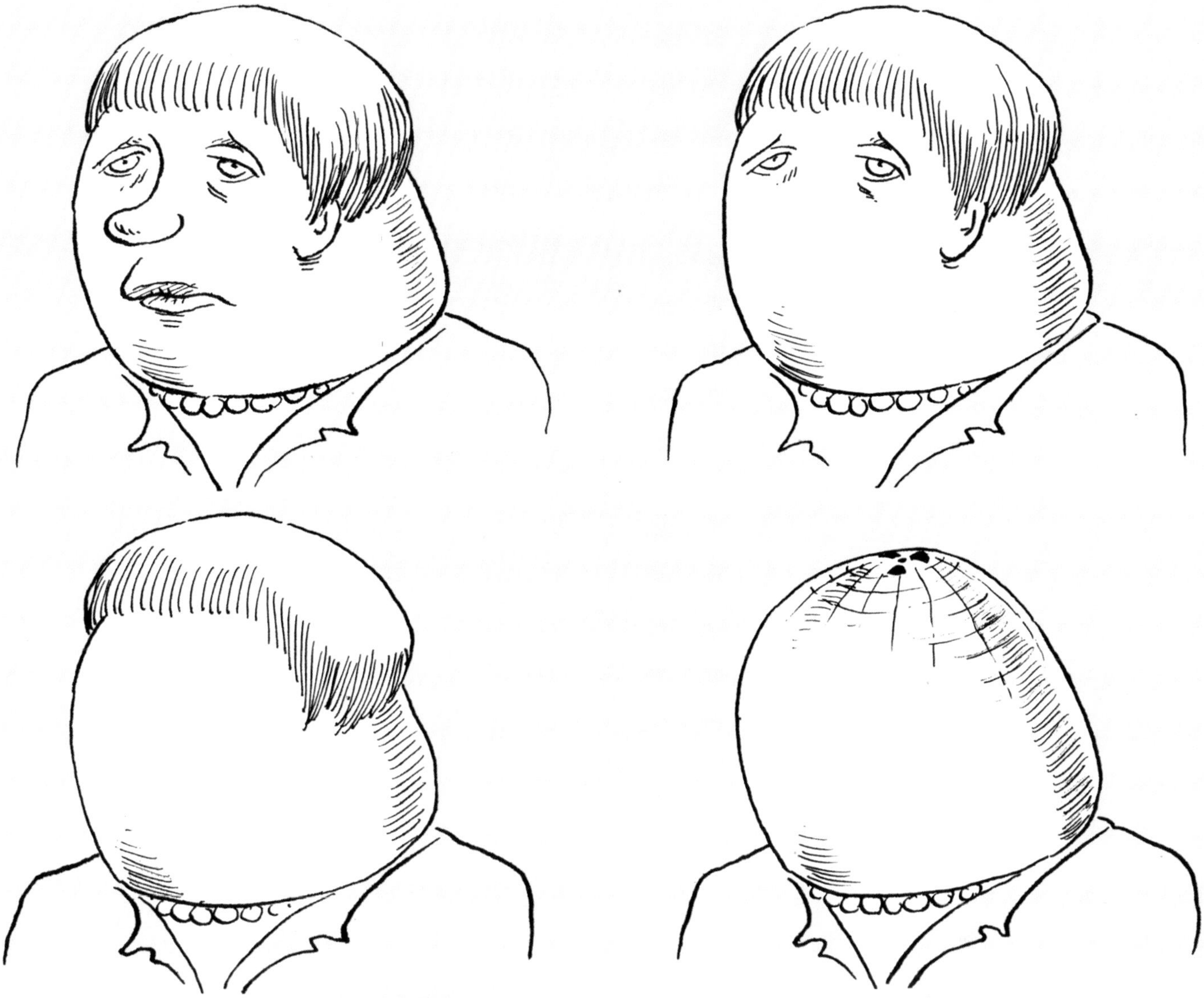

Atomlobby

CDU
CDU
CDU
CDU
Hier
Aufschwung
Ost

2000

+++ Der Spendenskandal weitet sich aus +++ Schäuble muss als Partei- und Fraktionsvorsitzender zurücktreten +++ Angela Merkel wird auf dem Parteitag mit 96% zur Parteivorsitzenden gewählt +++ Friedrich Merz Fraktionsvorsitzender +++

CDU

Chef-
Sessel

CDU

T-Aktie
Infineon

2000
St. Angela
Tropfen
2000
St. Angela-
Tropfen
2000
St. Angela
Tropfen
Tropfen

2001

+++ Merkel und Merz stürzen weiter ab in der Wählergunst +++ Keine Erfolge bei Landtagswahlen +++ Neue versteckte Millionen werden auf CDU-Konto entdeckt +++ Misstrauen gegenüber dem CDU-Aufklärungswillen +++ Glaubwürdigkeit dahin +++ Merkels Ansehen schwindet +++ „K-Frage": Wer soll im nächsten Jahr bei der Bundestagswahl der CDU-Kanzlerkandidat werden? +++ Merkel würde gerne, Merz auch, Stoiber aber auch +++ Andere wie Roland Koch und Rüttgers warten ab +++ Schließlich kommt es zum Zweikampf zwischen Merkel und Stoiber +++

Kanzler-
Kandidatur

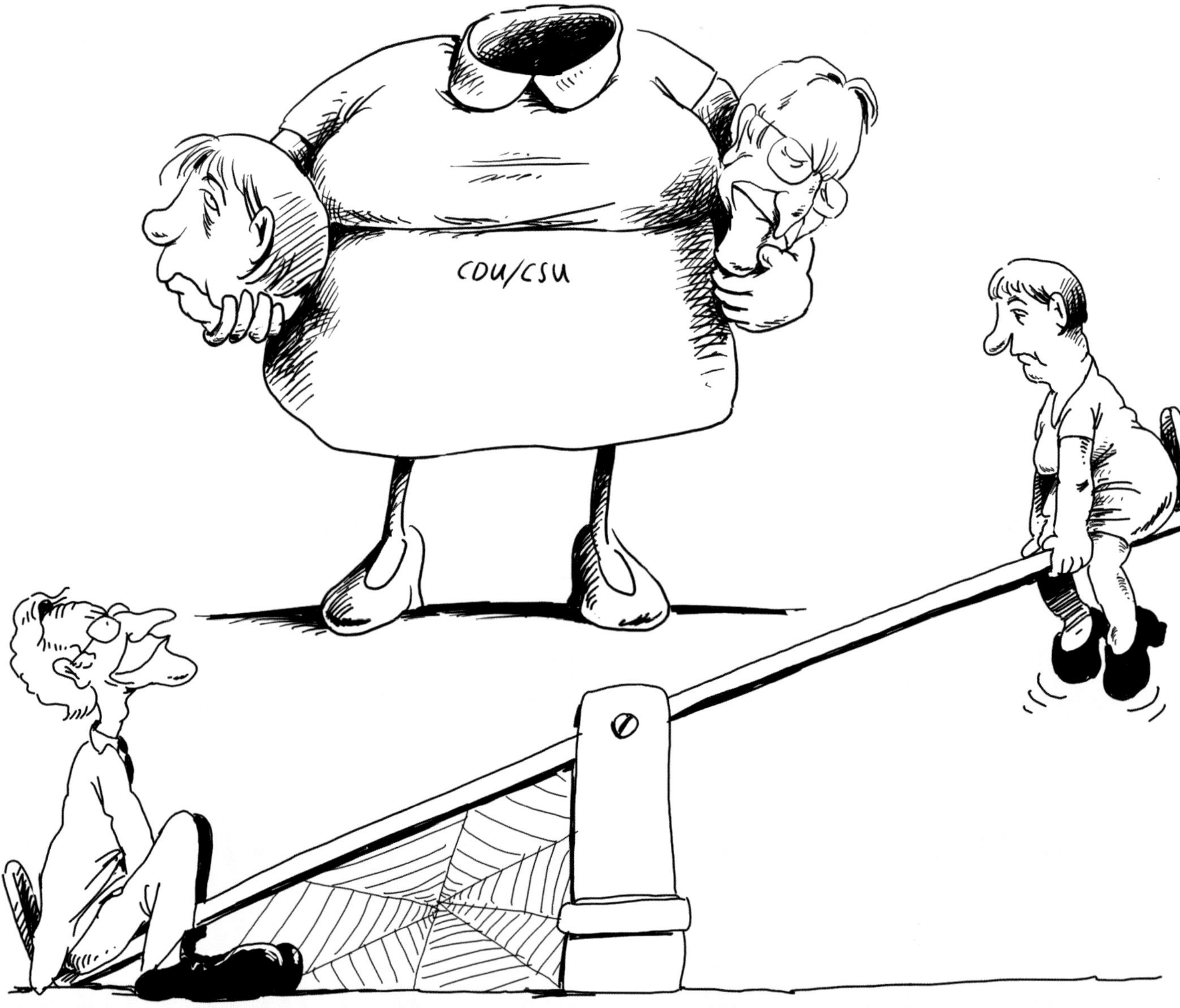
CDU/CSU

Angela Merkle

CDU

2002

+++ Merkel verzichtet zugunsten von Stoiber, macht aber voll Wahlkampf für ihn +++ Was ihr in der Partei viel Hochachtung einbringt +++ Im September Bundestagswahl +++ Stoiber bzw. Schwarz-Gelb verlieren knapp gegen Rot-Grün +++ Stoiber zieht sich nach Bayern zurück +++ Merkel verdrängt Friedrich Merz gegen dessen erbitterten Widerstand vom Fraktionsvorsitz +++ Ende des Jahres wird sie als Parteivorsitzende bestätigt +++ Merkel hat damit alle wichtigen Konkurrenten in der CDU aus dem Weg geräumt +++

D
D
MERKEL
MERKEL
D
D

WIR SIND DAS VOLK !

D
MERKEL
D
MERKEL
D
D

WAHL-
PROGRAMM
CDU

2003

+++ Merkel tritt ab jetzt vehement als Oppositionsführerin der Regierung Schröder entgegen +++ Und es geht wieder aufwärts mit der CDU: Landtagswahlsiege in Hessen (Roland Koch), Niedersachsen und Bayern +++ Merkel reist in die USA +++ Befürwortet dort sehr eindeutig Bushs Irak-Krieg-Kurs +++ Ganz anders als Schröder +++ Damit kommt sie nicht gut an bei den Leuten +++

Lieber Georgi, ich würde dir gerne beistehen in dieser schweren Stunde!!
Aber der böse Schröder hat alles vermasselt!
In Treue, Angela

CDU:
Gegen die
vorgezogene
Steuerreform!
CDU:
Für die
vorgezogene
Steuerreform!

Bitte um Spende!
(Wegen Kinder-
losigkeit Rente
gestrichen)

CDU
CSU

2004

+++ Mit Rot-Grün geht's bergab +++ Schröder muss für seine Agenda 2010 und seine diversen Hartz-Gesetze schwer kämpfen +++ Gibt Parteivorsitz an Müntefering ab +++ Merkel trägt diese Reformen mit, erreicht sogar noch einige Verschärfungen +++ Ebenso bei Schröders Steuerreform +++ Bundespräsidentenwahl: Merkel setzt sich mit Köhler wieder mal gegen sämtliche CDU-Männer durch, die Schäuble wollten +++ Merz verlässt generyt die Partei-Spitze +++

HARTZ IV

Ich bin der
bessere
Hartzer !!

Große Steuerreform
Bundespräsi-
dentenwahl

2005

+++ SPD verliert bei Landtagswahl NRW +++ Schröder stellt Vertrauensfrage +++ Vorgezogene Neuwahlen +++ Merkel dieses Mal unumstrittene Kanzlerkandidatin +++ September Bundestagswahl +++ Wahlergebnis nicht eindeutig: Weder reicht es für CDU/FDP noch für Rot-Grün +++ Schröder beansprucht Kanzleramt +++ Schließlich Große Koalition +++ Schröder zieht sich zurück +++ Merkel als erste Frau in der Geschichte der Bundesrepublik Bundeskanzlerin!! +++ Müntefering wird Vizekanzler, Steinbrück Finanzminister +++

EU

Ich liebe meine Frau!
SPD
Ich liebe meine Frau!
SPD
Ich bin nicht Frau Kirchhof!
CDU

Wählt mich jetzt!!
Oder ich verspreche euch die Qualen eines weiteren Wahlkampfs mit all den abgelutschten Argumenten und Worthülsen, die kein Mensch mehr hören und ertragen kann!
Und ich halte, was ich verspreche!!
CDU

Kreuzberg und Neukölln –
Raus aus der EU!!
CDU/CSU-Programm
Erste Eckpunkte
Mehr
Wachstum
Mehr

SOZIALSTAAT

DEUTSCHE BANK:
SUPER-GEWINNE!!!
Aber 6400 Entlassungen!!

K
MERKEL
K
MERKEL

GROSSE KOALITION

2006

+++ Im ersten Jahr der GroKo großer Reformeifer +++ Gute Zusammenarbeit Merkels mit der SPD +++ Beck inzwischen SPD-Parteivorsitzender +++ Eine Menge Richtungsstreit in der CDU: Rüttgers, Koch, Oettinger, Stoiber und Müller gegen Merkel +++ Besonders umstritten: Gesundheitsreform (Gesundheitsministerin Ulla Schmidt) +++ USA-Reise, Treffen mit George W. Bush +++ Laut „Forbes" ist sie „die einflussreichste Frau der Welt" +++ Fußball-WM in Deutschland +++

BLÜHENDE
LANDSCHAFTEN

Für einen Gesundheitsfonds!
Gesundheits-reform

Menschenrechte
Demokratie
Pressefreiheit
Bitte, bitte keinen Militärschlag im Iran!!

2007

+++ Die Koalition zerbricht beinahe an der Gesundheitsreform +++ Merkel immer mehr im Zentrum der internationalen Politik +++ EU-Vertrag von Lissabon, die Kaczynskis pochen auf Sonderrechte +++ G-8-Treffen in Heiligendamm: Bush, Putin, Blair, Chirac ... +++ Dalai Lama in Berlin +++ Merkel laut Forbes immer noch „die einflussreichste Frau der Welt" +++

Alles für den Klima-schutz!!

A. Merkel & U. Schmidt
Die Gesundheits-Reform

CDU

Angela Super-star

2008

+++ Beginn der Finanzkrise +++ Große Konjunkturpakete +++ Mit Steinbrück zusammen garantiert Merkel für deutsche Sparkonten +++ Beck: Rücktritt als Parteivorsitzender +++ Steinmeier wird Nachfolger von Müntefering als Vizekanzler +++ International: Sarkozy löst Chirac ab, Brown Tony Blair +++ Olympische Spiele in Peking +++

BANK
BANK
BANK

Schnarrrrrrrch!!

Bundeswehr

2009

+++ Weltweite Finanz- und Wirtschaftskrise +++ Umweltprämie +++ Opelrettung durch Finanzhilfen der Bundesregierung +++ Bundestagswahlkampf: Angeblich lahm und profillos +++ Wahlergebnis: Die GroKo wird abgelöst, Merkel bildet mit Westerwelle eine schwarz-gelbe Koalition +++ International: Obama wird US-Präsident, Berlusconi gewinnt wieder in Italien +++

Behalten Sie
Ihr Geld!
Wir brauchen
nichts!!

OPEL

KRISE

GM

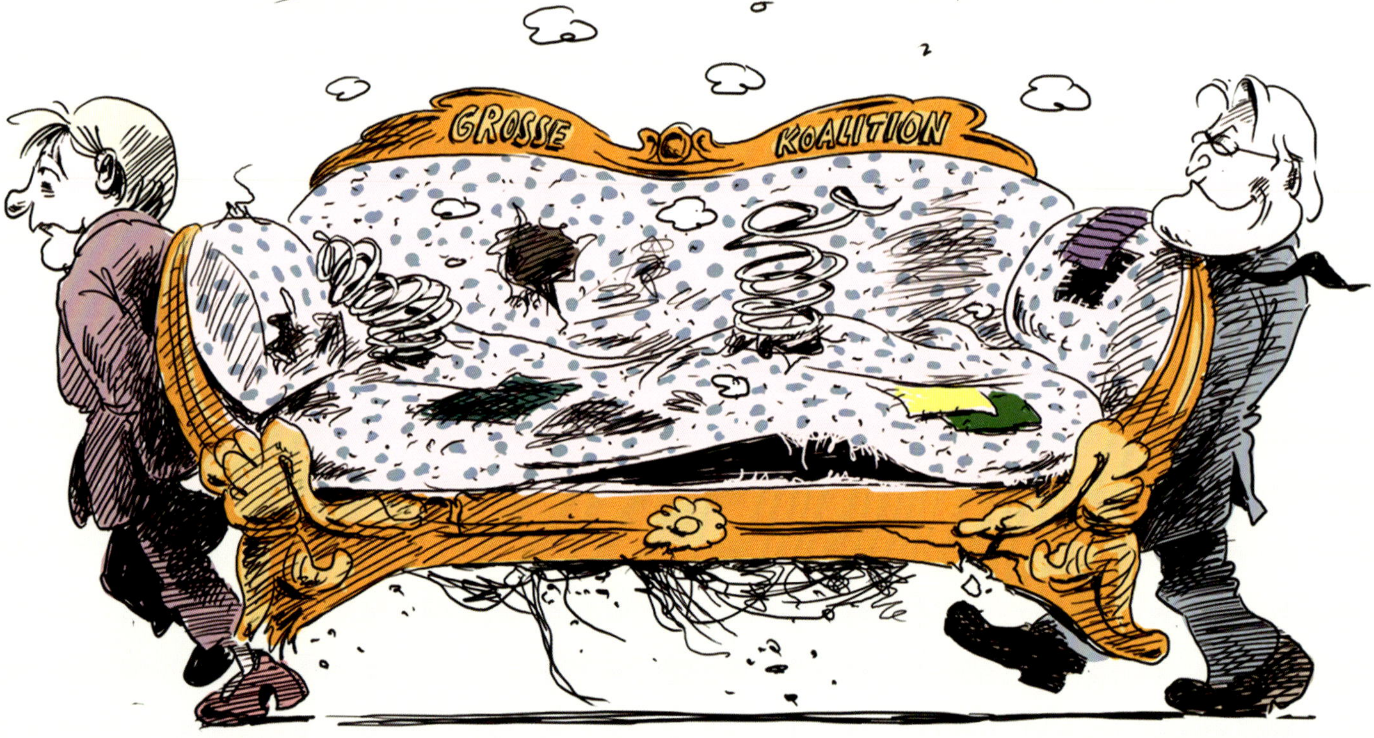
GROSSE
KOALITION

Hallo, Angela!
Unbedingt in dieser Legislaturperiode noch erledigen: Müll runter, Geschirrspüler ausräumen, Staubsaugen, Einkaufen und Wäsche machen!!!

Brigitte

CDU

Wir haben die Kraft!
CDU

CDU
CSU

PLING!!
Unser Land kann mehr...
SPD
WIR haben die Kraft
CDU

Oktoberfest 2001
Ich hab Dich
lieb, Dein
Helmut

Via Paris
BRÜSSEL
Washington

KLIMA-GIPFEL

2010

+++ Schwarz-gelbe Koalition schon bald zerstritten +++ Koalition der sozialen Kälte +++ FDP-Chef Westerwelle warnt vor spätrömischer Dekadenz +++ Größtes Sparpaket in der Geschichte der Bundesrepublik +++ Schuldenbremse +++ Laufzeitverlängerung der AKWs zugunsten der Stromkonzerne +++ „Rettungsschirm“ für Griechenland +++ „Arabischer Frühling“ beginnt +++ Fußball-WM in Südafrika +++

Keine Boni für Hartz IV ler!

Aischa Merkeli
Abu al-Westerwelli

GRRR
RR!!

SPARPAKET

1 Jahr Schwarz/Gelb!
WikiLeaks veröffentlicht tausende geheime Dokumente

Die Deutschen sehnen sich nach der Großen Koalition!!

STROM-
KONZERNE
GRRRRRR!!!
FDP

E.on
EnBW
Vattenfall
RWE

CDU
Haarfestiger

Allgemeine
Wehrpflicht

PATSCH!!!!
Schnarrch!!
Ich ♥ euch!!
Ich tu ALLES für euch!!

KNACKS!!

2011

+++ Immer noch Versuche, die Finanzkrise zu bändigen +++ Mit Sarkozy zusammen der Versuch, den Euro zu stabilisieren (Fiskalpakt und Rettungsschirme) +++ Atomkatastrophe in Fukushima +++ „Energiewende“: Abschaltung aller AKWs bis 2022 +++ Großer Widerstand in der CDU +++ Demonstrationen gegen Stuttgart 21 +++ Nach Mappus wird Kretschmann als erster Grüner Ministerpräsident +++ Abschaffung der Wehrpflicht +++ Occupy-Wall-Street-Bewegung +++

DIE MÄCHTIGSTE
FRAU DER WELT

Weg mit der
CDU/CSU !!

KLÄFF !!
KLÄFF!!
CDU

C D U

CDU

#
POLTER!
Krrreisch!!
Grummel!!
GRUNZ!!
!!!
GRRR!!
CDU

Occupy!
Banken zwangsweise kapitalisieren!
RETTUNGSSCHIRM

!!!

Denn eines
ist sicher:
Der
Euro

!!!

Millions
Billions
Millions

ATOMKRAFT?
ATOMKRAFT? NEIN DANKE

ATOMKRAFT? NEIN DANKE

2012

+++ Rösler FDP-Vorsitzender, Vizekanzler und Wirtschaftsminister +++ Röttgen in NRW abserviert +++ Wulff tritt ab als Bundespräsident +++ Peer Steinbrück wird SPD-Kanzlerkandidat +++ Bundestagswahlkampf Merkel gegen Steinbrück beginnt +++ Die Griechenlandkrise geht weiter +++ Spardiktat durch Deutschland +++ Wahlkampf in Frankreich: Merkel unterstützt Sarkozy, aber Hollande gewinnt +++ Fußball-EM in Ukraine und Polen +++ 300. Geburtstag Friedrichs II. +++

CDU

CDU

Grund-
gesetz
Bundes-
tag

SPD

SPAREN!

Deutschland hat die Wahl!

Wir geben nichts!

RETTUNGSSCHIRME

EXPORT

GRIECHENLAND

IWF
EZB
Italien
Griechenland
Portugal

2013

+++ Bundestagswahlkampf +++ Wahlergebnis: FDP nicht mehr im Bundestag vertreten +++ Also wieder GroKo +++ SPD-Vorsitzender Gabriel wird Vizekanzler und Wirtschaftsminister +++ Von der Leyen als erste Frau Verteidigungsministerin +++ Enthüllungen durch Edward Snowden +++ Beginn der NSA-Affäre: Auch Merkels Handy wird von den Amis abgehört +++ In England jetzt Cameron Premierminister +++ Antideutsche Demonstrationen in Griechenland +++ BVB und Bayern München im Endspiel um die Champions League +++

Nichts sagen für Deutschland
CDU
CDU

CDU

Madrid: 100 Millionen für Fußballspieler ausgegeben !!

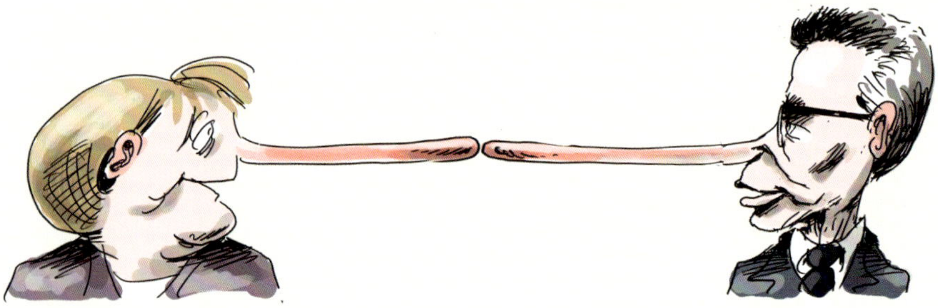

WAHL-
VERSPRECHEN!

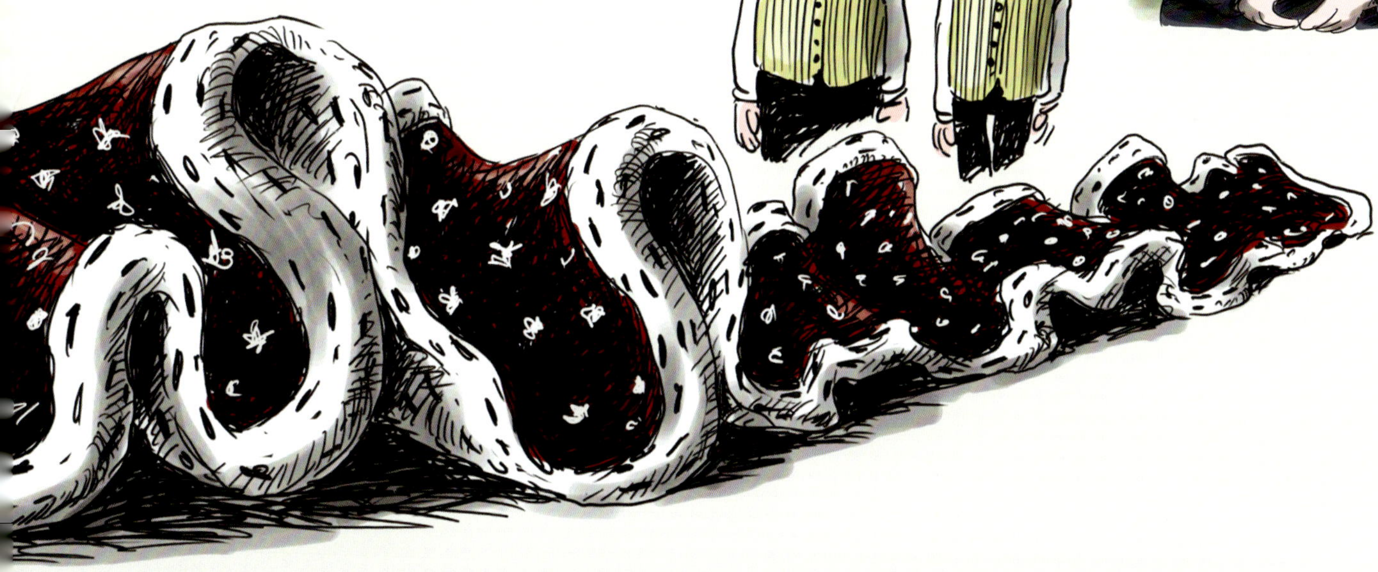

#
!!!
GRRR!!

SCHNARCH!!

NSA

BVB 09
Putin
Diktator

Wahlversprechen
Koalitionsverträge

Berlin ist toll!
Lovely Germany!
We ♥ Merkel!
love the
DEUTSCHLA
SUPERCOO

50 Jahre deutsch-franz. Freundschaft!

2014

+++ „Griechenlandrettung" geht weiter +++ Merkels und Schäubles Sparregiment isoliert sie in Europa +++ Debatte um Asyl für Snowden +++ Ukraine-Konflikt, Krim-Annexion +++ EU-Sanktionen gegen Russland +++ Merkel in China +++ Debatte um EU-Zulassung von Gen-Mais +++ Conchita Wurst gewinnt Eurovision Song Contest +++ Deutschland wird Fußball-Weltmeister +++

STOP Putin!
Putin schickt Hilfskonvoi nach Thüringen!
JUNCKER? NEIN, DANKE !!

LUCKY STRIKE
Marlboro
GAULOISES
Blondes

SNOWDEN
NICHT NACH
DEUTSCHL.

2014

CDU

Steuern

2015

+++ Attentat auf Charlie Hebdo, weltweite Solidaritätsbewegung +++ Merkel und Schäuble vollenden das Griechenland-Drama +++ Syriza und die Griechen sind geschlagen! +++ Bundeswehr steigt militärisch im Syrienkonflikt ein +++ Merkel öffnet Grenze für Flüchtlinge +++ „Wir schaffen das!" +++ Besuch der Queen in Deutschland +++ Merkel im Vatikan +++ 1.000-seitige Biografie über Schröder +++

Je suis CHARLIE
Je suis CHARLIE
Je suis CHARLIE
Je suis CHARLIE
Je suis CHARLIE
Je suis CHARLIE
Je suis CHARLIE
Je suis CHARLIE

Streichel!
Streichel!

CDU
SPD
SPD
CDU
CDU
SPD
SPD
CDU
SPD
CDU
SPD
CDU
SPD
CDU

CDU

SYRIZA

SPD

Willkommen
in
Deutschland!

Willkommen in Deutschl d!
RUMMS!!

Der Islam gehört zu Deutschland!

Kälte, Nässe: Immer weniger Flüchtlinge landen in Griechenland

Refugees welcome!!
Wir schaffen das!!

2016

+++ Flüchtlingsdrama geht weiter +++ Starker Widerstand von der CSU, auch in der CDU +++ Harte Auseinandersetzung Merkel - Seehofer um die „Obergrenze" +++ Zulauf für Pegida und AfD +++ „Flüchtlingspakt" zwischen EU und Türkei +++ Merkels Kurs spaltet Europa +++ Abschiedsbesuch Obamas in Berlin +++

Merkelmussweg!!
Merkel-
Volksverrä
Merkel
Merkel weg
Merkel-
Hau ab!!

ANKARA
Erdogan

CDU

CDU

Alles Gute für's Wahljahr 2017!!

2017

+++ Bundestagswahlkampf +++ Merkel und Seehofer: Einigung bei der Obergrenze +++ Schulz: Aufstieg und Fall +++ Ergebnis: Unklare Verhältnisse im Bundestag +++ AfD drittstärkste Kraft +++ Schulz lehnt neue GroKo ab +++ Jamaika-Sondierungen scheitern +++ Also doch GroKo? +++ Deutsch-türkische Spannungen u. a. Inhaftierung von Deniz Yücel +++ Dieselabgasskandal +++ Chinesischer Staatspräsident bringt Pandabärchen für Berliner Zoo +++ AND LAST BUT NOT LEAST: @realDonaldTrump is now #THE GREATEST US-PRESIDENT EVER!!

SPD

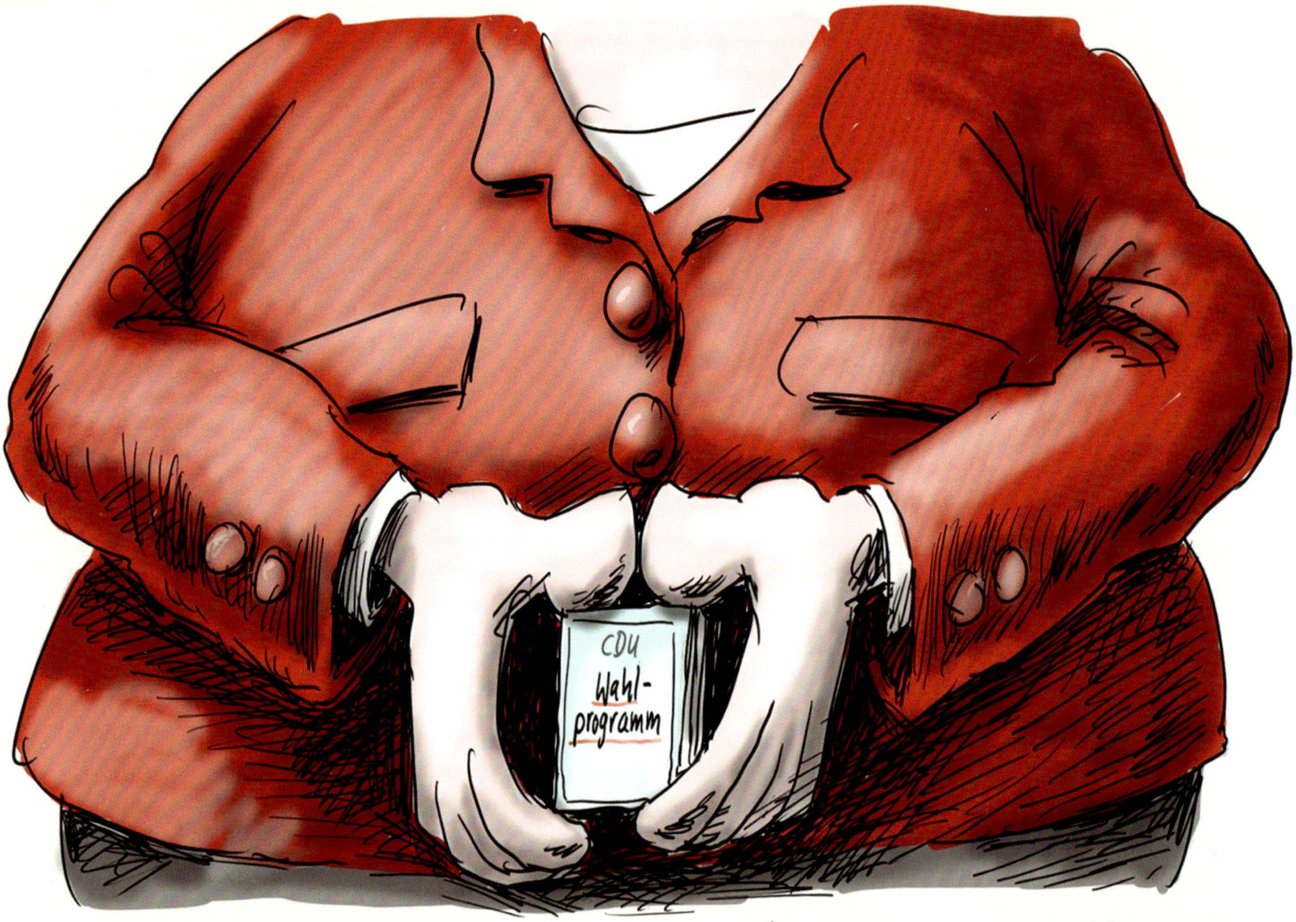
CDU
Wahl-
programm

2
1
3

2018

+++ Koalitionsverhandlungen +++ SPD-Abstimmung: Neue GroKo steht +++ Merkel wieder (knapp) Kanzlerin, zum vierten Mal +++ Schulz, Gabriel gehen +++ Scholz und Nahles übernehmen +++ Fussball-WM in Russland +++ Uneinigkeit bei der Asylpolitik innerhalb der Union (sowie der EU) +++ Merkel kündigt ihren Rückzug zum Ende der Legislaturperiode an +++ Nachfolgedebatte zwischen Merz, AKK und Spahn +++ AKK wird CDU Parteivorsitzende +++ Trikotaffäre Özil/Gündogan +++

Waschstraße
CDU

Jeder Zweite
für Merkels Abgang!

Orbanisierung

2019

+++ Nahles tritt als SPD-Vorsitzende zurück, Doppelspitze übernimmt +++ Handelskrieg zwischen USA und China +++ EU-Reformpläne von „Reformer" Macron vs. „Bremserin" Merkel +++ Jubiläum 20 Jahre Putin an der Macht +++ Johnson-Sieg bei vorgezogener Wahl in Großbritannien +++ AKK-Karneval-Affäre +++ Fridays for future: Greta demonstriert in Deutschland +++

Is was?!
KS 19
GroKo

GROKO

FUCK!

2020

+++ Weltweiter COVID-19 Ausbruch /Pandemiebekämpfung +++ Corona-Regelungen ... Verschärfungen ... Lockdown +++ Permanente Abstimmungen in der Ministerpräsidentenrunde +++ Merkel lehnt EU-Corona-Bonds ab +++ AKK kündigt Rücktritt an +++ Nachfolgedebatte in der CDU zwischen Spahn, Röttgen, Laschet und Merz +++ Querdenker-Demo vor dem Reichstag +++ Abwahl Trump / Trumps Weigerung der Anerkennung seiner Wahlniederlage +++ Ende des Jahres endgültiger Brexit +++

Corona-
Bonds

Z z Z Z Z z z z z z !!

EU

2021

+++ USA: Erstürmung des US-Capitols +++ Weiterer Corona-Lockdown +++ Laschet wird CDU-Vorsitzender und Kanzlerkandidat, Merz scheitert erneut +++ Scholz wird SPD-Kanzlerkandidat +++ Uneinigkeit bei COVID Bekämpfung: Einführung des „Pandemie-Gesetzes" +++ Flutkatastrophe in NRW und Rheinland Pfalz +++ Bundestagswahl +++

Plan B
Plan C
Plan D
Plan E
Plan F
Plan G
Plan H
Plan I
Plan J
Plan K
Plan L
Plan M
Plan N
Plan O
Plan P
Plan R
Plan S
Plan T
Plan U
Plan V
Plan W
Plan X
Plan Y
Plan Z

NOTBREMSE

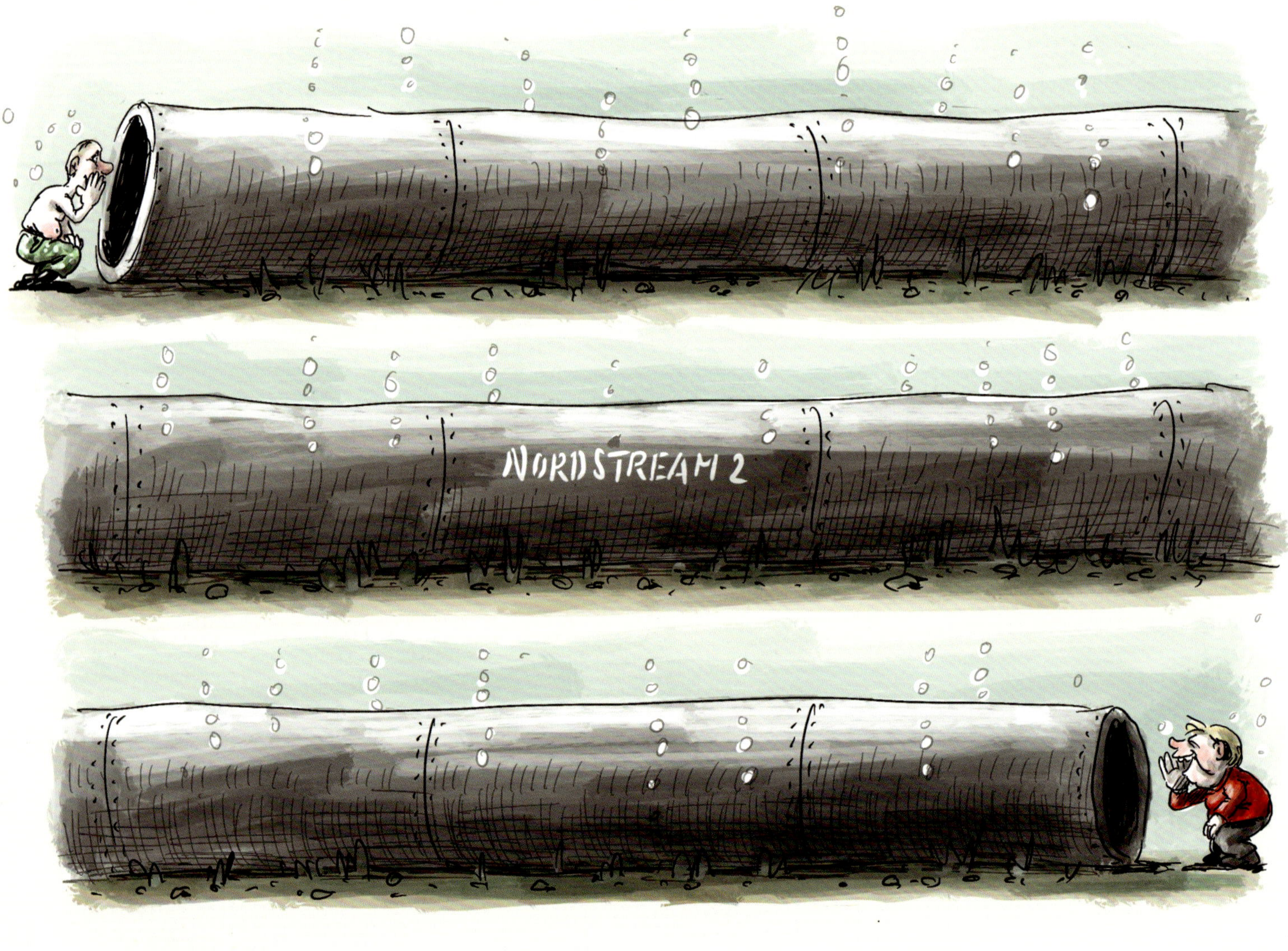
NORDSTREAM 2

MS DEUTSCHLAND

ENDE

Wie zeichnet man Merkel?

Eine Anleitung in 10 Schritten

Klaus Stuttmann

Geboren 1949, aufgewachsen bei Stuttgart, studierter Kunsthistoriker (Magister 1976). Seitdem – als Autodidakt – politischer Karikaturist, Illustrator, Layouter und Plakatgestalter. Ab 1990 ausschließlich tagespolitischer Karikaturist. Seit 2003 täglich für den „Tagesspiegel". Außerdem regelmäßig tätig für „TAZ", „Neue Westfälische", „Badische Zeitung", „Rhein-Neckar-Zeitung", „Neue Osnabrücker Zeitung", „Weserkurier", „Hannoversche Allgemeine" u. a. Gewann sieben erste Preise, zwei zweite und einen Publikumspreis bei den drei deutschen Karikaturen-Wettbewerben „Rückblende", „Deutscher Preis für Karikatur" und „Deutscher Karikaturenpreis". Lebt und arbeitet in Berlin.

Selbstbildnis mit Muse ... (frei nach Courbet)

Unter stuttmann.de/suche – Person: Merkel, Angela – finden Sie alle Original-Karikaturen (ab 2003) der hier verwendeten Zeichnungen. Diese sind sortiert nach Veröffentlichungsdatum. Die Suchergebnisse können auf die jeweiligen Jahre beschränkt angezeigt werden.

Autor: Klaus Stuttmann
Typografie & Layout: Max Stuttmann, Torsten Lemme
Druck: Grafisches Centrum Cuno, Calbe

ISBN: 978-3-946972-54-9

Schaltzeit Verlag, Auerstr. 23, 10249 Berlin
www.schaltzeitverlag.de